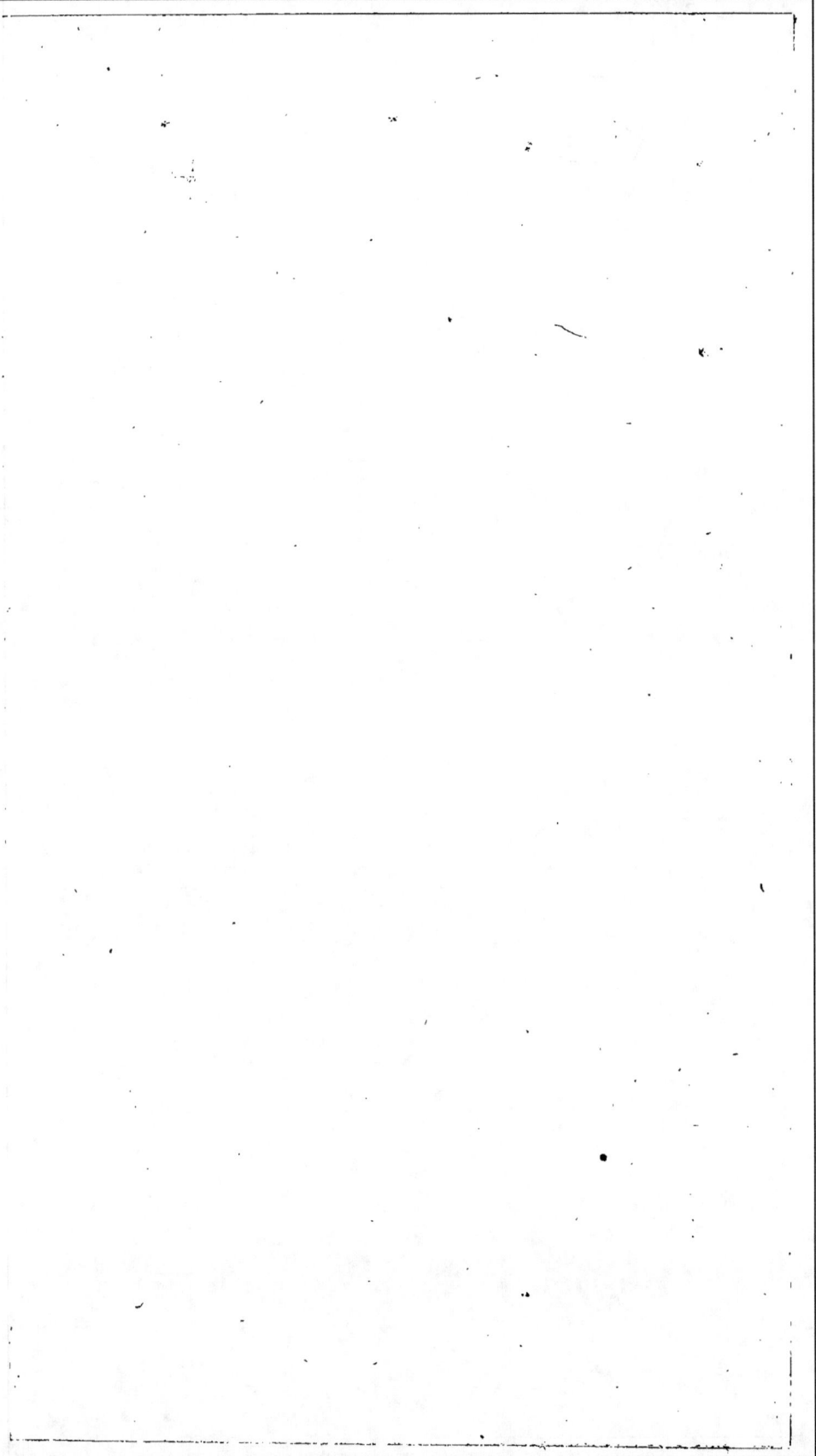

*Juſſey, le 10 Floréal, an VI de la République
françaiſe, une & indiviſible.*

LES CITOYENS habitant la commune
de JUSSEY, Chef-lieu de Canton, Département de la Haute-Saône,

AUX CITOYENS LÉGISLATEURS,

*ET DIRECTEURS DE
LA RÉPUBLIQUE FRANÇAISE.*

LES citoyens compoſant la commune de
Juſſey, entraînés par les ſentimens de la juſtice
& de la vérité, qui doivent toujours l'emporter
ſur toutes conſidérations politiques, n'ont ceſſé
depuis dix ans de réclamer contre un échange
fait entre le dernier roi & le citoyen Richard-
Philippe Foillenot, conſeiller au ci-devant parlement de Beſançon. Cet échange, ſous quels
rapports qu'on le conſidère, eſt un de ces
actes qui porte le plus éminemment le carac-
tère de l'intrigue, de la cupidité, de la collu-
ſion, & contre lequel on n'a ceſſé d'élever la
voix pour faire connaître les ténébreuſes démarches qui y ont donné lieu. Si on développe
les faits & les circonſtances qui l'ont précédés

& fuivis, on eft pleinement convaincu qu'il eft le réfultat du crédit & d'une complaifance bien digne du gouvernement prodigue & licentieux d'alors, & que, fi déjà il n'eft pas anéanti, c'eft que la vérité, cette fauve-garde publique, n'a pu percer encore pour éclairer fur ce fait les Magiftrats fuprêmes de la Nation.

Par l'article II du traité de Nimégue, la ci-devant Franche-Comté fut réunie à la France; le roi, devenu propriétaire, réunit au domaine français toutes les propriétés foncières que poffédaient les rois d'Efpagne en qualité de comtes de Bourgogne. Ces domaines fe font trouvés compofés fur-tout de forêts confidérables qui, placées fur le bord de la Saône, excitaient, par le produit & la richeffe de leur fol, la convoitife des fpéculateurs en crédit. Du nombre de ces forêts font celles appellées le *Clolois* & le *grand-bois*, fituées fur le territoire de Juffey, & une autre appellée *la Vaivre*, fituée fur le territoire de Chaux, canton de Port-fur-Saône, département de la Haute-Saône.

Le cit. Foillenot, trouvant ces forêts à fa convenance, conçu le projet de s'en approprier une partie par le moyen d'un échange : il le fit propofer à l'adminiftration générale de ce temps - là par un nommé *Raillard*, dit *de Granvelle*, fon parent, & neveu du fugitif

Calonne, alors contrôleur général des finances.
Le grand-maître des eaux & forêts fut consulté;
les officiers de la ci-devant maîtrise de Vesoul,
qu'il commit pour vérifier l'avantage & le
désavantage de cet échange, furent d'avis qu'il
était ruineux pour le domaine, contraire à
toutes les lois, nuisible aux biens de la *province*
& désastreux pour la commune de Juffey.
D'après cette déclaration, qui existe encore
au greffe de la maîtrise, il semblait que les
propositions du cit. Foillenot auraient dû être
rejettées; mais non : il trouva les moyens d'ap-
planir tous les obstacles pour parvenir à s'approprier cette belle partie du domaine français.

L'exemple du fameux échange du ci-devant
Comté de Sancerre avec d'Espagniac, qui,
par son excessive lésion, fut bientôt annullée,
encouragea le cit. Foillenot au lieu de le re-
buter. *Calonne* était très-abordable; ses dé-
prédations le voulaient, & sous ces auspices
Foillenot, aidé de *Raillard* de Grandvelle son
parent, obtint, le 30 novembre 1786, un
arrêt du ci-devant conseil d'Etat, qui com-
mettait *Calonne* pour passer le contrat d'échange
projetté par Foillenot, avec faculté à ce dernier de défricher, réduire en pâturage ou en
telle autre culture que bon lui semblerait, les
bois qui lui seraient cédés dans les forêts en
question.

En vertu de cet arrêt, *Calonne* & *Foillenot* passèrent effectivement, le 13 janvier 1787, le contrat d'échange, par lequel il fut cédé au cit. Foillenot trois cantons de bois du domaine, formant ensemble deux cent soixante-onze arpens & vingt-cinq perches. Le premier canton de cent soixante-neuf arpens situé sur Juffey, appellé le *Clolois*; le deuxième de soixante-sept arpens situé au même lieu, appellé *la Fourrée*, faisant partie d'une forêt de 665 arpens 13 perches; le troisième enfin de 35 arpens 25 perches situé sur Chaux, appellé *la Vaivre*.

De son côté, le cit. Foillenot a promis de donner deux cantons de bois de la contenance de deux cent soixante-quinze arpens : le premier situé sur Magny, appellé le bois *Benant*, de 111 arpens; le deuxième situé sur Chargey de 164 arpens, appellé *Rachot-callé*. La quantité de terrain est à-peu-près la même : ce n'est pas là où réside le vice de l'échange ; c'est dans la qualité des bois, de leurs fonds, & dans l'état où ils étaient lors de l'échange.

Le contrat d'échange ne fut pas plutôt passé que le trente-un du même mois de janvier un arrêt du conseil le ratifia & le confirma. La même chose eut encore lieu par des lettres patentes que le cit. Foillenot obtint dans le mois de mars suivant. Ces lettres-patentes nom-

merent pour commiſſaires, à l'évaluation des
objets donnés en échange, deux de ſes confrères, conſeillers au ci-devant parlement de
Beſançon.

Du 14 avril au 14 mai 1787 il fut procédé
aux évaluations ordonnées par le ci-devant
conſeil, & c'eſt à cette époque que s'eſt con-
ſommée la ſpoliation du domaine. Des experts
nommés par les commiſſaires ſuſdits, ont prouvé
dans leurs opérations combien ils étaient dé-
voués au cit. Foillenot, & quel parfait accord
règnait entr'eux pour trahir les intérêts du
gouvernement & le dépouiller de ſes forêts.

En effet, ſur le rapport des experts les 271
arpens 25 perches, donnés par le ci-devant
roi, ont été évalués par les commiſſaires 68,476
francs, ſavoir : le fond à raiſon de 150 francs
l'arpent l'un dans l'autre ; la ſuperficie des 35
arpens de bois de *la Vaivre* à 2,643 francs ;
celle des 67 arpens du *Grand-bois* de Juſſey
à 4,020 francs, & les 169 arpens du *Clolois*
à 21,125 francs ; de ſorte que le prix commun
de chaque arpent, tant du fond que de la ſuperficie, a été eſtimé 254 francs 50 centimes.
On va prouver que ces bois valaient plus du
triple, & que le gouvernement a été ſcanda-
leuſement trompé.

Les 271 arpens cédés par Foillenot ont été

évalués à 68,254 francs, favoir : le fond à raifon de 200 francs l'arpent l'un dans l'autre,
fait 55,000 francs; la fuperficie des 111 arpens
du bois *Benant* à 13,254 francs; celle du bois
Rachot-callé n'a pas été évaluée, parce qu'il
venait d'être coupé, & depuis il n'a encore
rien produit.

Comme d'après ces évaluations il fe trouvait,
dans le prix des bois du domaine, fur ceux
du cit. Foillenot un excédent de 222 francs 25
centimes, le cit. Foillenot, de l'avis des experts, a rempli cet excédent en donnant de
furplus 69 perches à prendre dans le refte du
bois *Benant*; au moyen de quoi l'échange a
été confidéré par les commiffaires comme par-
faitement égal de part & d'autre.

Cette évaluation eft le comble de la fraude
& de l'injuftice; car les 271 arpens que le cit.
Foillenot a reçus étaient bien fournis, bien
venus, d'une bonne effence & dans d'excellens
terrains : ils étaient garnis de baliveaux, de
taillis, de modernes, d'anciens bien confervés
& en coupe réglée, tandis qu'il a rendu en
contre-échange deux forêts qu'il avait fait couper en blancs étaux, principalement celle appellée *Rachot-callé*, dont le fol pierreux &
montueux eft tout-à-fait ftérile, & n'offre encore à la vue qu'un mauvais taillis prefque

tout en landes & bruyères, où il n'y exifte ni moderne, ni ancien; ce qui le prouve, c'eft qu'on n'a pas évalué de tondaifon pour un quart de centime; mais on a eu foin d'eftimer le fond à deux cent francs l'arpent, afin de faire paraître cet échange égal. Il fallait bien fe retrouver fur quelque chofe, & c'était une bagatelle pour des hommes de l'art.

Le 9 août de la même année 1787, le cit. Foillenot obtint un nouvel arrêt qui ratifia & confirma les procès-verbaux des évaluations faites par les commiffaires, fes confrères, & qui ordonna que lefdits échanges feraient exécutés felon leur forme & teneur, ainfi que l'arrêt & les patentes qui l'avaient précédemment confirmé. Le cit. Foillenot obtint encore à perpétuité la moyenne & baffe juftice fur les bois qu'on lui cédait, & le droit de chaffe pendant fa vie feulement; enfin cet arrêt a été revêtu dans le même mois de lettres-patentes qui ont pareillement confirmés, ratifiés & approuvés l'échange, les évaluations, & toutes les opérations qui avaient eu lieu pour le confommer.

Le 3 feptembre fuivant ces lettres-patentes ont été enregiftrées au ci-devant parlement de Befançon. Le cit. Foillenot appréhendait tellement de manquer fon coup, que toutes fes

démarches, comme on le voit, ont été préci-
pitées avec toute la célérité imaginable.

Le cit. Foillenot ne s'est pas plutôt vu propriétaire de ces belles forêts que, croyant
l'être incommutablement à la faveur des fur-
prifes multipliées & toujours vicieufes qu'il
n'avait ceffé de mettre en ufage, qu'il a fur-le-
champ travaillé à les faire couper & défricher,
penfant fans doute qu'en changeant de nature
les bois du domaine, il parviendrait à couvrir
tous les vices d'une propriété qu'on peut ap-
peller une ufurpation frauduleufe, & qui,
dans le fait, eft une des mieux caractérifée.

Tandis que Foillenot mettait la coignée dans
ces bois pour abattre & détruire, dans l'efpace
d'une année, ces belles futayes de chêne & de
hêtre que la nature avait mis des fiécles à
former, il travaillait fur les mêmes bafes qu'il
avait fi bien dirigées jufqu'alors, à augmenter
fes poffeffions ufurpées, & à priver la commune de Juffey de tous les droits qu'elle pou-
vait y avoir.

Les habitans de la commune de Juffey jouif-
faient dans ces forêts de différens droits. Ces
droits, qu'on trouve détaillés & rapportés dans
nombre de titres, le font particulièrement
dans une reconnaiffance du 17 avril 1612,

paſſée par les habitans de cette commune aux comtes de Bourgogne, en vertu d'un arrêt de leur chambre des comptes du 24 janvier de la même année.

Le cit. Foillenot ſe trouvant gêné par l'exiſtence de ſes droits ſi bien établis & comme homme fécond en expediens, imagina que, pour les détruire, il ſuffiſait d'en nier la réalité, & que, ſous l'égide de ſon deſpotiſme parlemental, tout plierait ſous ſa volonté.

En effet, pour accomplir ſon deſſein, le 11 novembre 1787, il s'achemina vers les officiers municipaux de ce temps-là, &, précédé de ſa qualité redoutable de conſeiller au parlement de Beſançon, il déclara que les droits de vive & vaine pâture, de pâturage, & l'uſage de bois-mort & mort-bois, qu'avaient la commune dans ces forêts, étaient illuſoires; & quoique la commune y ait été pleinement confirmée par arrêt du ci-devant conſeil, du 31 mars 1744, il menaça le magiſtrat de s'approprier deux cantons en nature de prés de dix-huit fauchées appartenant de temps immémorial à la commune de Juſſey, & contigus à une des forêts uſurpées, ſous prétexte que c'était une anticipation dont il avait les plans, qu'il n'a jamais exhibés.

Cette audace intimida tellement les officiers

municipaux que, placés dans l'alternative de lui déplaire, de l'irriter ou de s'engager dans le dédale d'un procès dont alors la réuffite était certaine pour lui, ils préférèrent plutôt foufcrire à fes ordres abfolus que de rifquer d'encourir la haine de fa puiffance. En conféquence, le 11 octobre 1787, le cit. Foillenot dicta un traité par lequel le magiftrat, fans avoir affemblé ni confulté la commune, difpofèrent de fes droits & de fa chofe en aliénant & abandonnant à titre d'échange au cit. Foillenot non-feulement la pièce de prés en nature, mais encore tous les droits que les habitans pouvaient prétendre dans les bois qu'il venait d'enlever au domaine. Par ce moyen la commune de Juffey fe trouva dépouillée de fes droits & de la propriété de fes prés pour avoir en contre-échange un mauvais terrain de 35 arpens que Foillenot devait mettre lui-même en nature de culture, ce qu'il n'a pas même exécuté jufqu'alors.

C'était une grande perte pour les habitans de la commune de Juffey de fe voir privés des avantages qu'ils retiraient des droits qu'ils avaient fur ces forêts; mais c'était peu de chofe comparé aux reffources que leur offraient ces bois pour s'approvifionner de cet objet de première néceffité. Tous les ans il s'en faifait

une coupe de plus de 35 arpens qui fervait
à la confommation des citoyens; le furplus,
bien fourni, bien gardé, croiffant pour les
befoins de l'agriculture & de la marine, faifait
la richeffe & l'ornement de ce pays, par
l'avantage réciproque qu'il produifait au tréfor
public & aux habitans du voifinage, lorfque le
cit. Foillenot eft venu détruire cet accord en
s'en appropriant la majeure partie.

Le plan combiné de fraude que préfentent
les deux échanges dont on vient de rendre
compte, le tort qu'ils ont fait & qu'ils font
encore au tréfor public & à la commune de
Juffey, l'inexactitude & l'infidélité marquée
qui ont gouverné toutes les opérations, devaient
rendre inévitable leur anéantiffement; mais
non : jufqu'à préfent une main puiffante, di-
rigée par l'or & l'intrigue, a neutralifé tous
les moyens que des hommes courageux avaient
déployés pour faire connaitre une ufurpation
que réprouvent toutes les lois de l'équité &
du bien public.

C'eft fur la vérité des faits notoires, incon-
teftables, & qu'on peut vérifier dans tous les
temps, que les habitans de Juffey vont dé-
montrer que cet échange eft l'acte le plus vi-
cieux qui exifte, & l'un de ceux où le domaine

national a éprouvé la léfion la plus énorme.
La preuve s'en tire d'un calcul bien fimple
& bien clair.

La fuperficie de 271 arpens, cédés
au cit. Foillenot a été eftimée 200 fr.
l'arpent, l'un portant l'autre, fait cin-
quante quatre mille deux cent francs.   54,200 fr.

Etant coupés, réduits à plein &
en prés, il y aura 386 fauchées, qui,
à 36 fr. l'une de rendage annuel,
donnent la fomme de treize mille
huit cent quatre-vingt-feize francs,
dont le capital à cinq pour cent fait
celle de deux cent foixante-dix-fept
mille neuf cent foixante francs. . . . 277,960

D'où il réfulte que le Gouvernement a cédé une valeur, tant pour
le fond que la fuperficie, de trois
cent trente-deux mille cent foixante
francs 332,160

Le cit. Foillenot a cédé en contre-
échange, 1.° 164 arpens 35 perches
d'un bois à Chargey qui, venant
d'être coupé pour le préparer à cet
échange, il n'y a rien à eftimer pour
la fuperficie; & le fond, qui eft un

664,320

Report. . 664,320 fr.

des plus mauvais du département,
ne peut être eftimé au plus haut au-
delà de cent-vingt francs l'arpent,
ce qui fait dix-neuf mille fept-cent
quarante francs. 19,740

2.º Cent onze arpens d'un bois fitué
à Magny, eftimé pour le fond à deux
cent francs l'arpent, fait vingt-deux
mille deux cents francs 22,200

Le recru dans ledit bois qui, lors
de l'échange, n'avait que 9 à 10 ans,
n'a été eftimé que cinq mille francs . 5,000

Total. . . 46,940 fr.

Bois cédés par le Gouvernement :
la valeur, tant du fond que de la
fuperficie, trois cent trente-deux mille
cent foixante francs. 332,160

Bois cédés par le cit. Foillenot : la
valeur, tant du fond que de la fuperficie, quarante - fix mille neuf cent
quarante francs 46,940

Partant les objets cédés par le Gouvernement excèdent en valeur ceux
cédés par le cit. Foillenot de la fomme
de deux cent quatre-vingt-cinq mille
deux cent vingt francs. 285,220

On ne peut raifonnablement pas foupçonner d'exagération les calculs & évaluations ci-deſſus, fans ſe mettre en contradiction avec l'évidence même. D'ailleurs la léſion eſt ſi frappante que, dans un mémoire imprimé & publié au mois d'octobre 1790, la municipalité de Juſſey démontra clairement que le fond & la ſuperficie des bois cédés par le citoyen Foillenot ne valaient pas plus de 32,485 francs, & que ceux qu'il a reçus du domaine valaient au moins 140,920 francs, ainſi elle a prouvé que le domaine a ſouffert une léſion de 108,435 fr., ce qui eſt plus de trois fois la valeur qu'il en a reçue, fans y comprendre le préjudice que ces belles forêts ont reçu d'être morcelées, déſunies & détruites, ce qui leur ôte tout-à-la-fois une valeur intrinſéque & relative qui eſt inappréciable.

La preuve de ces vérités ſe tire encore de l'acte d'échange particulier que le cit. Foillenot dicta à l'ancien magiſtrat de Juſſey le 11 octobre 1787, par lequel il abandonna trente-cinq arpens dans le bois du *Clolois* en contre-échange de dix-huit fauchées de prés en nature & de tous les droits d'uſage de la commune ; ces 35 arpens, qui étaient des plus mauvais de cette forêt, ont été évalués dans l'acte, par le cit. Foillenot lui-même, à 20,000 francs. Si ces 35 arpens valaient 20,000 francs, la totalité de 271 arpens, dans la même proportion, valaient donc 153,706 francs.

Puisque c'est par le fait même du cit. Foillenot que cette preuve s'acquiert, quelle force ne doit-elle pas avoir contre lui pour improuver fa conduite & dévoiler les abus dont il s'est rendu coupable?

Enfin un mémoire & un certificat des habitans de la commune de *Chaux*, où font fitués les 35 arpens du bois de *la Vaivre*, ont attefté que le cit. Foillenot en a vendu la fuperficie au moins 10,000 francs, ce qui fait 285 francs l'arpent, & ce bois n'avait été évalué par les experts qu'à 2,643 francs; ainfi, en ne perdant pas de vue que les deux échanges ont été faits but à but & évalué chacun 68,476 fr., on eft pleinement convaincu que le domaine a éprouvé une léfion de plus des trois quarts.

Malgré la clarté de ces preuves & l'authenticité de ces faits, & quoique cet échange fût le réfultat de l'intrigue & de la corruption, les habitans de la commune de Juffey n'ont pu jufqu'à préfent en obtenir la nullité. Le citoyen Foillenot a toujours trouvé le fecret de le fouftraire à l'examen des dépofitaires fuprêmes de l'autorité publique. La loi même du 22 novembre 1790 a conftamment été écartée dans les procès qu'il a intentés à cette commune

fur cet objet; cependant elle eſt ſi préciſe qu'à
ſa ſimple lecture le cit. Foillenot eut dû ſe rendre
juſtice.

L'article XIII porte : " aucun laps de temps,
„ aucunes fins de non-recevoir, ou exception,
„ excepté celle réſultante de l'autorité de la
„ choſe jugée, ne peuvent couvrir l'irrégu-
„ larité connue & bien prouvée des aliénations
„ *faites ſans le conſentement de la Nation.* „

Article XIV : ' L'aſſemblée nationale exempte
„ de toutes recherches, & confirme en tant
„ que beſoin, les contrats d'échange faits ré-
„ gulièrement & conſommés *ſans fraude, fic-*
„ *tion ni léſion*, avant la convocation de la
„ préſente ſeſſion. „

Article XX : " Tout contrat d'échange de
„ biens domaniaux pourront être révoqués &
„ annullés, malgré l'obſervation exacte des
„ formes preſcrites, *s'il s'y trouve fraude,*
„ *fiction ou ſimulation, & ſi le domaine a*
„ *ſouffert une léſion du huitième, eu égard*
„ *au temps de l'aliénation.* „

Cette loi, dictée par la juſtice & l'intérêt
public, ſemblait devoir mettre un terme aux
prétentions déréglées du cit. Foillenot, en lui
faiſant abandonner un poſſeſſion ſi mal acquiſe ;
mais il n'en fut pas ainſi : joignant l'opiniâtreté
à l'avarice, frondant audacieuſement l'opinion

publique & n'écoutant que fon ambition, le
cit. Foillenot perfévéra dans fon ufurpation,
& écartant avec adreffe la queftion principale,
favoir, fi aux yeux de la loi il était réellement
propriétaire légitime, il entraîna les habitans
de la commune de Juffey dans un labyrinthe
de queftions incidentes qu'il a eu foin de traî-
ner en longueur, pour en tirer parti dans des
momens favorables.

Cependant les habitans de Juffey, défefpérés
de fe voir ainfi dépouillés de leurs droits &
de leurs propriétés, cherchèrent les moyens
de fe relever de cette calamité; ils portèrent
à cet effet leurs réclamations à l'autorité dé-
partementale qui, dans le courant de juin
1790, rendit en confeil général un arrêté qui
interdifait au cit. Foillenot la deftruction de ces
forêts, & qui autorifait l'adminiftration de diftrict de Juffey à procéder à une nouvelle
eftimation des objets échangés. C'était la feule
voie pour connaître la vérité toute entière;
mais le cit. Foillenot, craignant que le réfultat
de cette opération ne mît trop au jour les té-
nébreufes intrigues qui l'avaient conduit dans
cette affaire, & que la fpoliation, dont il s'était
rendu coupable envers la Nation, ne devînt
publique, trouva le fecret d'amortir cet arrêté
en le faifant rapporter.

Après cela, les habitans de la commune de
Juffey attendirent en filence fi quelques lois
bienfaifantes ne viendraient pas à leur fecours:
celles du 28 août 1792 & du 10 juin 1793
réveillèrent leurs efpérances; la municipalité
de Juffey, alors en fonction, fe pourvut en
conféquence par-devant un tribunal arbitral
qui, par jugement du 29 frimaire an trois,
rendu contradictoirement entre la commune
de Juffey & la République, repréfentée par le
procureur-fyndic du ci-devant diftrict, dûment
autorifé par le département de la Haute-Saône,
réintégra ladite commune de Juffey dans tous
les droits qui lui étaient acquis fur les cantons
de bois dévaftés & détruits par le cit. Foillenot;
& pour indemnité de ces droits, le tribunal
arbitral ordonna que, par trois experts nommés à cet effet, il ferait accordé un cantonnement en toute propriété à ladite commune.

Les chofes reftèrent en cet état, jufqu'à ce
que le cit. Foillenot, qui n'avait point paru
dans ce procès, fi ce n'eft par un acte du 22
meffidor an trois, intervint tout-à-coup, lorfque l'agent de la commune de Juffey fut
autorifé à demander, pardevant le tribunal
civil de la Haute-Saône, l'homologation du
procès-verbal des experts qui avaient fixé le
cantonnement demandé.

Le cit. Foillenot fentit que le temps était alors propice; les élections de germinal an *cinq* étaient faites & confommées; auffi fe montra-t-il à découvert : il fit fignifier acte fur acte à l'agent municipal de Juffey pour mettre la procédure en règle, & tout étant bien dif-pofé, il prit, le 6 prairial an V, des conclu-fions qui lui furent adjugées le lendemain par le tribunal civil de la Haute-Saône.

Par ces conclufions, il demandait que le jugement arbitral du 29 frimaire an III fût déclaré nul & comme non-avenu, attendu que lui, intervenant, n'avait point été préfent ni appellé dans cette inftance, & que, pronon-çant fur fon intervention, il foit par le tribunal dit & déclaré que les habitans feront réinté-grés dans les droits d'ufage de bois-mort & mort-bois, glandée & parcours, fur les can-tons du *Clolois & de la Fourrée,* ainfi que dans la propriété des cantons de prés qu'il s'é-tait approprié au moyen du foit-difant traité du 11 octobre 1787, & que, pour remplir lefdits habitans de la valeur de tous les droits d'ufage ci-deffus, ils emporteraient, par forme de cantonnement, la cinquième ou au plus la quatrième partie de chacun defdits bois du *Clolois & de la Fourrée,* &c.

C'était un grand pas de fait vers la juftice,

mais les habitans de Juffey ne pouvaient ac-
céder à ces propofitions qu'au préalable la
queftion principale ne fût décidée; ils infif-
taient fur le point de favoir fi le cit. Foillenot
était ou non propriétaire légal des objets en
litige, & fi, aux termes de la loi du 22 novembre 1790, il n'y avait pas dans fon échange
fraude, fiction ou fimulation, & fi le domaine
n'avait pas fouffert une léfion du huitième,
eu égard au temps de l'aliénation; on a paffé
outre fur cette conclufion, ce qui a obligé les
habitans de Juffey à interjéter appel de cette
fentence au tribunal de la Haute-Marne, toujours dans l'efpoir de faire intervenir la République dans cette affaire; mais cet appel a
eu le fuccès de voir confirmer le premier jugement, fans égard pour la queftion de propriété qui était la feule à traiter avant toutes
autres.

Le cit. Foillenot laiffa donc un peu refpirer
la commune de Juffey pour fe jéter fur celle
du Magny où eft fitué le bois *Benant* de 111
arpens, qu'il avait promis de donner en échange
de ceux qu'il avait reçus du domaine. Cette
commune du Magny était réintégrée par jugement dans fon bois, elle en jouiffait déjà
depuis quelque temps, lorfque le cit. Foillenot
ne doutant point du fuccès, effaya de faire

caffer ce jugement, & il en vint à bout; mais la commune de Magny eut recours au tribunal de caffation qui vient de la confirmer dans la poffeffion de fa propriété.

Dans le principe de cette procédure au tribunal de caffation, la commune de Magny cita, le 18 germinal an V, le commiffaire du directoire exécutif près l'adminiftration centrale de la Haute-Saône à y comparaître dans le délai du réglement, & enfuite procéder fur le mémoire énoncé en ladite citation.

Le commiffaire près le département, n'ayant aucune connaiffance de cette affaire ni aucune pièce la concernant, invita, par une lettre du 18 germinal an V, fon collégue près l'adminiftration municipale du canton de Juffey, à prendre des renfeignemens & les lui envoyer au plutôt, pour être à même de defendre les intérêts de la République.

Le commiffaire près le canton de Juffey développa, dans un mémoire, toutes les circonftances qui avaient donné lieu à ce trop fameux échange; il démontra que la République était léfée du tout au tout, & qu'en comparant avec modération les objets échangés, il en réfultait une perte pour le Gouvernement d'une fomme de 294,100 francs.

Ce mémoire fut préfenté à l'adminiftration centrale par le commiffaire placé près d'elle, pour obtenir l'autorifation de paraître & défendre en cette inftance; mais les membres qui la compofaient alors ne crurent pas devoir prendre fur eux cette autorifation; ils décidèrent qu'il en ferait référé au miniftre des finances. C'eft ce que demandait le cit. Foillenot; car il fit partir fur-le-champ pour Paris un de fes mercenaires, qui obtint en très-peu de temps une lettre du miniftre des finances qui prohibait au département d'accorder aucune autorifation pour entreprendre une conteftation relative à la difcuffion entre la commune de Juffey & le cit. Foillenot, au regard d'un échange de bois avec le dernier roi.

Voici le texte de cette lettre:

COPIE de la Lettre écrite par le Miniftre des Finances à l'Adminiftration centrale du département de la Haute-Saône, en date à Paris du 2 thermidor an V.

I.ere *Divifion des Domaines, Forêts.*

" IL m'a été rendu compte, citoyens, du " mémoire qui vous a été adreffé par le com-

„ miffaire du directoire exécutif près l'admi-
„ niftration municipale du canton de Juffey,
„ relativement à l'échange paffé le 13 janvier
„ 1787 entre le dernier roi & le cit. Foillenot
„ de différentes parties de bois.

„ Il y conclut à ce que cet échange foit
„ annullé comme contenant une léfion de
„ 294,100 francs au préjudice de la Républi-
„ que, & que le cit. Foillenot foit tenu de
„ l'indemnifer de la non-jouiffance des objets
„ par lui donnés en contre-échange, attendu
„ que les communes y font rentrées en pof-
„ feffion par des fentences arbitrales.

„ Les calculs & les évaluations du commif-
„ faire du directoire exécutif ne font appuyés
„ fur aucune bafe ; ils m'ont paru d'autant plus
„ hypothétiques qu'ils excédent de plus du
„ double ceux que la commune de Juffey
„ avait donné dans fon mémoire imprimé.

„ Ils font d'ailleurs entièrement détruits par
„ les actes qui ont précédé & fuivi l'échange,
„ tel que le procès-verbal de vifite & eftima-
„ tion des bois de la ci-devant maîtrife de
„ Vefoul en 1777, le rapport des experts qui
„ a fervi de bafe à la tranfaction paffée entre
„ le cit. Foillenot & la commune de Juffey le
„ 11 octobre 1787, la vente faite par cette
„ commune de 50 arpens des bois cédés au

„ cit. Foillenot, dont le prix ne s'eſt élevé
„ qu'à 96 francs l'arpent, quoiqu'il eût été
„ eſtimé au cit. Foillenot 125 fr., enfin le
„ procès-verbal des experts nommés pour dé-
„ terminer le cantonnement demandé par la
„ commune de Juſſey.

„ Tous ces actes prouvent que les bois cédés
„ par le dernier roi étaient de mauvaiſe eſ-
„ fence, ſitués dans un terrain marécageux &
„ preſque nul pour le produit. Ainſi ſous ce
„ rapport il n'y a pas de léſion, & conſéquem-
„ ment il n'y a pas lieu à demander en juf-
„ tice la nullité de l'échange.

„ Je ne penſe pas que le cit. Foillenot puiſſe
„ être appellé en ce moment en garantie de
„ l'éviction ſoufferte par la République des
„ parties de bois qu'il avait donné en contre-
„ échange, & dans leſquelles les communes
„ ont été réintégrées. Cette queſtion ſe diſcute
„ actuellement au Corps légiſlatif.

„ Je vous invite à faire connaître ces prin-
„ cipes au commiſſaire du directoire exécutif
„ près l'adminiſtration municipale du canton
„ de Juſſey, & à ne lui accorder aucune au-
„ toriſation pour entreprendre une conteſta-
„ tion qui ne ſerait pas fondée. *Le Miniſtre des*
„ *finances, ſigné* D. V. RAMEL; *pour copie*
„ *conforme, ſigné* PARROT. „

Les habitans de la commune de Juffey font
bien éloignés de foupçonner les intentions &
la droiture bien connues du Miniftre des Finances : un citoyen, qui a toujours mérité &
qui mérite encore la confiance du Gouvernement, doit auffi avoir celle du peuple entier;
mais l'immenfité de fes travaux, la multipli-
cité des opérations qui fe font dans fes bu-
reaux, ne lui permettant pas de tout voir &
de tout pefer, permet bien auffi de penfer
que quelquefois on peut tromper fa religion
& faire errer fa juftice.

On remarque que cette lettre n'a pas ré-
pondu au mémoire préfenté par le commiffaire près le département; car il n'était queftion que de fe faire autorifer pour paraître
dans l'inftance pendante entre la commune
de Magny & le cit. Foillenot, & nullement
d'autorifer à entreprendre une action entre ce
dernier & la commune de Juffey, relativement
à cet échange & le dernier roi.

On en a grandement impofé au Miniftre
des Finances, lorfqu'on a cherché à lui per-
fuader qu'il n'y avait point de léfion dans
l'échange fait entre l'ancien Gouvernement &
le cit. Foillenot, & que les bois qu'il a reçus
étaient de mauvaife effence, fitués dans un
terrain marécageux & prefque nul pour le

produit : c'eſt la défenſe bannale du citoyen
Foillenot ſur ce point, tandis qu'il eſt prouvé
qu'il a touché, pour la tondaiſon de ces forêts, la ſomme de 54,200 francs, en ne portant chaque arpent qu'à 200 francs, & qu'il
eſt notoire qu'il s'en eſt vendu juſqu'à trois &
quatre cent francs.

Il n'y a point de léſion! mais elle eſt du
tout au tout. Que le cit. Foillenot prouve
donc que la République a touché, dans les
bois qu'il a donnés en contre-échange, pour
un centime de revenu juſqu'à ce jour? Il les
avait exploités pour les préparer à cet échange,
& les communes de *Magny & de Chargey*
ſur le territoire deſquelles ces biens ſont ſitués, y ſont rentrées en poſſeſſion, le citoyen
Foillenot n'en jouiſſant que par l'effet de la
puiſſance féodale.

Il n'y a point de léſion! mais a-t-on jamais
vu un échange où les co-échangiſtes ne ſe
promiſſent & ne s'aſſuraſſent une garantie réciproque? & celui-ci ſerait-il excepté de la règle
générale? Il y a non-ſeulement une léſion to-
tale, mais il s'y rencontre encore la fraude,
la fiction & le renverſement de tous les principes qui conſtituent le droit des gens. Si,
comme le dit le Miniſtre des finances, le cit.
Foillenot ne peut être appellé en ce moment

en garantie de l'éviction foufferte par la République, & que le Corps légiflatif doive s'occuper de cet objet, il eft donc vrai de dire que la chofe n'étant pas jugée, le cit. Foillenot ne peut pas fe croire propriétaire incommutable de ces fonds, & qu'il devient important d'en donner connaiffance aux autorités fuprêmes de la nation, pour en redreffer les griefs & en condamner les abus.

Peut-être répétera-t-on, d'après le citoyen Foillenot, quels intérêts ont les habitans de la commune de Juffey de lui contefter cette propriété, dès-lors qu'ils ont reçu un cantonnement fuffifant pour leurs droits d'ufage; que le traité onéreux du 11 octobre 1787 eft anéanti, & qu'ils font rentrés en poffeffion de leurs prés?

La première raifon eft que, ne voulant point être complices d'un larcin fait à la République, le voifinage incommode & turbulent du cit. Foillenot leur fait defirer que ces belles poffeffions retournent à leur propriétaire qui eft la République.

2.° Qu'il eft impoffible de reconnaître Foillenot propriétaire, fans dire en vertu de quel titre, & fi ce titre, à fuppofer qu'il en produife un, eft jugé légal & valide en conformité de la loi du 22 novembre 1790.

3.° Que la commune de Juffey eft léfée, à fuppofer même qu'elle foit fuffifamment apportionnée quant au fond, puifque Foillenot a eu feul le bois qu'il a extirpé, & que depuis l'extirpation elle n'a pu jouir des droits qu'elle avait dans ces forêts magnifiques.

4.° Enfin, que cet échange caufe une perte à la République de près de 300,000 francs, puifqu'elle ne jouira point des objets prétendus donnés en échange par le cit. Foillenot, les communes de *Magny* & *Chargey* y étant rentrées en vertu de la loi du 28 août 1792. D'ailleurs quand il n'en ferait pas ainfi, il fe rencontre dans l'échange, dont il fe prévaut, une léfion qui en provoque la nullité, fuivant l'article XX de la loi du 22 novembre 1790.

En récapitulant tous les faits & les circonftances de cette affaire, on voit que c'eft fous les aufpices du prodigue & diffipateur *Calonne* que cet échange a été confommé; que l'évaluation des objets échangés a été confiée à deux confeillers du ci-devant parlement de Befançon, confrères du cit. Foillenot; que la ci-devant maîtrife de Vefoul a été éloignée de la connaiffance de cette affaire, parce qu'on craignait fes yeux incommodes & véridiques; enfin on voit que la rufe, l'intrigue & la corruption ont été les feuls moyens employés pour dé-

pouiller le domaine national d'une partie de
fes propriétés.

Tandis, que depuis le premier germinal
au 18 fructidor an V, les acquéreurs de biens
nationaux tremblaient à côté de leurs propriétés acquifes fous la foi publique, & que la
voix des vengeances royales menaçait de les
dépouiller & de les profcrire, le cit. Foillenot
agiffait fans bruit dans ce même temps près
des adminiftrations & des tribunaux, pour fe
fortifier & fe retrancher dans la poffeffion de
ces biens ufurpés à la nation. Ce contrafte eft
trop frappant pour fouffrir aucune réflexion
ultérieure.

Qui peut donc mettre un terme à ces dif-
cuffions? c'eft à vous, Citoyens Législateurs &
Directeurs de la République, c'eft à vous à
qui les habitans de la commune de Juffey
viennent confier leurs juftes inquiétudes. Vous
pouvez, d'un feul mot, rendre à l'agriculture
& au commerce de ce pays la force & l'acti-
vité qu'ils avaient avant la deftruction de ces
forêts : vous ramenerez le calme & la tranquil-
lité parmi les citoyens; vous rendrez la plus
grande juftice en ordonnant, s'il fe faut, l'en-
voi fur les lieux de commiffaires intrépides,
probes & éclairés, pour connaître la vérité des
faits; enfin, la commune de Juffey efpère avec

confiance que le Gouvernement ne fouffrira
pas qu'un échange frauduleux, confommé fous
le règne du défordre & de la corruption, fub-
fifté long-temps fous un régime dont les maxi-
mes morales & politiques ont fait difparaître
tant d'abus & de mauvaifes actions, en élevant
un temple indeftructible à l'homme où il doit
conftamment puifer des principes de liberté,
de courage, de juftice & de vertus.

Salut & Refpect,

Signé Charles Collinet le jeune, Nicolas
Jobert, Michaux, Danterre, Charles Char-
bonnet, Nicolas Touffaint, Selpoux, Nicolas
Copin, Claude Gentilhomme, François Courty,
Jean-Baptifte Dalbard, Vuillemin, Andreux,
Antoine Greuillet, P. C. Villemin, Claude
Migeon, Grifman, Louis Villemin, J. Guil-
laume, Henri Martin, Rapin, Mouchotte, J.
F. Oudot, Caton, J. Roguet, Antoine Vuil-
laume, Jean Renaud, Nicolas Bouxin, Pierre
Vauflard, Claude Etienney, Ferdinand Hugot,
Nicolas Migeon, C. Courty, Jean - Baptifte
Colen, M. Charpentier, J. Rollin, Pierre
Lane, Claude Ricard, Pierre Clerc, Nicolas
Prieur, Martin, Jean-François Caton, Antoine
Catton, J. B. Camus, Nicolas Richard, Em-
manuel Joffe, Maurice Gromaud, Fumerey,

Pierre Danterre, J. B. Renaud, Collinet l'aîné,
Antoine Courty, Jacques Bron, Étienne Richard, J. Rochet, François Debrie, J. Houdin,
Pierre-Antoine Mougin, Guerin, Claude Raphat, Nicolas Etienney, Marcel Joſſe, François
Billaud, René Collinet, Hugot, Antoine Caillét,
Joyeux fils, Edme Bardot, Morel, A. Prieur,
Jacquemey, F. Mougin, Chalmandrey, François Dubrey, Nicolas Pernot, Villemey, Perroux, J. Charbonnet, Nicolas Prieur, P.
Oudot, Charpentier, Meinfrein, J. C. Mougin,
F. Camus, François Prioſet, Nicolas Camus,
Guillaume Etienney, A. Camus, Saccard, B.
Jacquinot, Nicolas Vienney, Charles Ardouin,
Touſſaint Micaux, Jean Clerc, Pierre Guilleminot, A. Greuillet, A. Danterre, C. L.
Amonnot, Ch. Bacon, Copin, N. Guillemard,
Ch. Briſſey, Pierre Danterre, François Milliot,
Deturbet, François Viliaux, Claude Ricard,
Maxime Courty, Hypolite Marland, Nicolas
Michenon, André Compain, Roſotte, Joſſe,
Folley, Nicolas Lambert, Jean Milliot, Lamy,
François Paillotte, Jobert, C. Rogé, A. Guillemard, Babelon, Fr. Gui, Lanus, Jacques
Riaudey, Nicolas Mouchotte, Diſſoye, Fr.
Boutes, C. Collinet, Jean-Baptiſte Briſſey,
Donpierre, Charton, J. F. Coſte, Jacques
Jacquard, Maurice Racle, Jurey, Antoine

Mougin , Lalliet , Tillard , René Courty ,
Etienne Bontemps, C. Jobert, F. Mougin, J.
Baudoin, Nicolas Laurent, Lebley, Charbon-
net l'aîné, R. E. Laurent, Creuseren, François
Humblot, Nicolas Courtot, Davigot, Joseph
Toscan, François Gromane, Roguet, Nicolas
Lauret, Cuenot, P. Guillaume, Ch. Ployer,
Dormoy, M. Charton ; Nicolas Davigot, Vau-
thier, Ph. Morel, Godard fils, Nicolas Cottu,
Carteron, A. Mouchotte, F. Guillemard, Jean
Milliot, Emmanuel Guiard, Joseph Durget,
Antoine Lordière, François Dubourg, Joyeux,
Claude Jacquot, François Guérin fils, P. Col-
linet fils, Crevoisier, Foyot, Vincent Naudet,
François Morel, Barthélemy, Jean - Baptiste
Humblot, V. Leblanc, Ch. Ployer, Prelat,
Louis Clerc, Louis Becoulet, P. F. Perrignon,
Perrignon père, Jean-Claude Brulthey, Jean-
Baptiste Compain, Nicolas Rimet, Clerc, J.
F. Simonot, Martin, Colbert, André Mottet,
Charles Laloi, Charles Copin, Jean - Baptiste
Jacotin, Claude Amonnot fils, Jobert, Folley
père, Nicolas Clerc, Perrot, Charles Courty
l'aîné, Fr. Baudoin, Roussey, J. Henriot, C.
Paillotte, X. Darragon, Nicolas Jobert, Cham-
pion, Mouraux père, Grostête, Tholomier,
Caillet, tambour-major; Dormoy, Chevillé,
Varrin, Jean Faivre, Humblot, J. C. Roussey,

Levefque, Debigot, Jean Miot, T. Andrey, Nicolas Mottet fils, Lefcard, Jurey, P. H. Mougin, Joachim Baudoin, Dumont, Maranget, Mouillet, Laurent, Mathieu, Poujois, Mouchotte, Delorme, Maffey, Grenneval, Grangerard fils, Jean Delorme père, Ruffier le jeune, Barbier, Carteret fils, N. Jurey fils, Hariaque, Munier, Philippe Ruffier, Antoine Clerc, Pheulpin, C. L. Riaudey, Cl. Carrey, Jean-Baptifte Bouvier, Jacques Granges, Claude Bergerot, Carteret père, N. Charbonnet, Ignace Jobert, Jean-Claude Charbonnet, Ph. Simonney, Franiotte, Pautiot, G. Mayer, officier de fanté; Pitollet père, Liegos père, P. Copin, Liegos fils aîné, Guillemard, Maurice Remond, Pouthier, F. Cauet, Bourny, Cornillet, Clerget, Pierre Thiébaud, Nicolas Morlot, François Hutin, Charles Olivier, Gaydot, Fayette, Solle, Laurent Demarche, Brulthey cadet, Brulthey fils aîné, René Copin, Brulthey père, Charles Ployer, Charpentier, Maflon, René Bardot, Lefigne, François Millot, Pierre Villemin, François Renardet, Benigne Poirey, Jofeph Saccard, Oriot, Jofeph Poirey, Labarbe, Maxime Courty, Cl. Lordière, François Collinet, Jean-Baptifte Pelletier, Henri, A. Doupierre père, Jean-Baptifte

Doupierre fils, Magnin, Jean-Baptiste Chapet, Jobert, Grandgirard, J. Marthinem, Xavier Mattenet, F. Mouchotte, Dominique Ricard, Mouchotte fils, René Prieur, François Ardouin, Antoine Pinot, Malparty, Joachim Pellé, Jean-Baptiste Perney, Pierre Collinet, Rimet, Nicolas Royer, Chevallot, Perfonnot, Rets, Monel, Ferrand, Mottet, Maxime Mougin, Varrain, Jean Courty, Jacob Hommerer, Menu, François Guillemard, Nicolas Guillemard, Pierre Courty, Fr. Barbier, Jean-Baptiste Moureaux, Michel Ardouin, Charles Davigot, Joseph-Jean-Baptiste Pascal, Guillemard, Charles Guillaume, René Renardet, Joseph Cottu, Dubois, Charles Courty, Guillemard, huissier ; Cordier, Delorme, Villemin, Etienne Roland, Renardet père, A. Vallier, F. Jacquinot, Guignard, J. A. Cordienne, Bel, C. L. Ricard, Villemin fils, François Regnault, Beguinot, Etienne Hory, Antoine Collin, Philippe Dubourg, Louis Chéré, Nicolas Multon, Guillaume Etienney, A. Dubrey, François Jacquinet, Claude Etienney, François Danterre, Béfort, Philippe fils, Laurent Buffet, J. F. Compain, Multon fils, Andrey Prieur, François Multon, P. H. Labourot fils, B. Pelletier, Guiard, P. Bizot,

Andrey Maffey, Collinet fils, Saccard, J. F.
Hugot, Maugras, J. Chaffelin, Claude Colen,
Lordière, Floriot.

Pour copie conforme,

DELORME, agent.

A VESOUL,
De l'Imprimerie de J. B. POIRSON.